AF260160

LES
CONSEILS

DE 1828.

POLITIQUE INTÉRIEURE.

PARIS,

A. PIHAN DELAFOREST,

IMP. DE MONSIEUR LE DAUPHIN ET DE LA COUR DE CASSATION,

rue des Noyers, n° 37.

1829.

Quand la pensée ne se laisse pas entacher par l'influence de la personnalité, quand elle est fondée sur l'examen scrupuleux des faits et d'après le balancement exact du juste et de l'utile vis à vis du possible ; bien que les circonstances changent de face et tournent dans un autre sens, la pensée vraie en principe n'a besoin que de se soumettre à la sorte de modification commandée par le nouvel ordre de choses.

Et comme cette pensée, également applicable sous le coup des circonstances les plus contrastantes, se montre ainsi émanée de la substance même des choses, dont il est fait si peu d'état dans ces temps, et dégagée de l'accident des noms qui, jusqu'à présent, ont tant de poids ; cette pensée, sauf qu'il n'existe plus que des esprits dépourvus de sens, que des ames privées de sentiment, que des caractères dénués de force, est ce semble appelée à exercer de l'ascendant, à prendre de l'autorité.

C'est ainsi que des espérances fort hasardées sans doute, déterminent à publier quelques extraits d'écrits imprimés en 1828, à l'occasion des lois sur les élections et les journaux ; en prenant soin d'exposer d'abord, des considérations qui rallient ce qui a été dit, avec ce qu'il y a à faire.

Dans le temps on en fit mépris. A vrai dire, ce n'était encore que des argumens, que des mots.

Maintenant les argumens ont été démontrés, les présages se sont réalisés par le rapide développement des évènemens.

Les mots ont disparu : en leur place apparaissent les faits : on croira peut-être.

Ce n'est pas une question de sentiment, mais de sens commun : qu'on laisse s'assoupir le cœur ; mais qu'on ne perde pas l'esprit.

N'aimez point le roi pour sa personne ; n'aimez point la royauté pour ses bienfaits : être injuste, être ingrat, ne ressort nullement des lois de ce bas monde.

Seulement, aimez vous : aimez le roi, la royauté, au moins pour vous, rien que pour vous.

Croyez même, non pas de pleine science, qui ne se prête pas à d'aussi grossières méprises, mais dans l'intime conscience, qui ne se refuse, ni aux erreurs, ni parfois aux forfaits ; croyez que tel ou tel ordre de choses, que tout ordre de choses, pourvu qu'il soit autre, serait à la fois, et plus glorieux pour la patrie, et plus utile à vos intérêts.

Seulement rappelez vos souvenirs, examinez les faits ; comparez les uns avec les autres ; et demandez vous si cet ordre de choses, tout merveilleux, tout miraculeux qu'il puisse être, ne serait pas acheté à un prix mille fois trop haut, par un désordre long-temps prolongé, sans cesse aggravé ; ainsi que cela s'est vu déja, ainsi que cela se verrait encore, à moins que les hommes aient changé d'un siècle à l'autre, aient gagné en droiture de cœur, en justesse d'esprit.

En un mot : ici c'est la restauration faite sans doute, parfaite peut-être.

Là, ce sont des révolutions, l'une sur l'autre s'engrenant, l'une après l'autre s'envenimant, à faire, à défaire, à refaire.

Tout parti a la même destinée ; sa fin est de régner, de renverser et remplacer le pouvoir ; ses moyens sont de jeter le trouble, de propager les défiances, de fomenter l'anarchie.

Est-il parvenu au but ? il a rempli la moitié de sa tâche ; il lui reste à achever l'œuvre.

Mais plus la crise fut longue, plus la mission est délicate. Voilà que la société tombe en dissolution : où est la tête, où est le bras qui doivent la rallier, la raffermir, la réorganiser.

Il faut, ou que le despotisme s'élève et monte justement au degré où fut poussée la licence ; comme sous la terreur, sous l'empire :

Ou qu'une faction nouvelle se forme à l'exemple, se comporte en même façon et triomphe tour à tour, comme pendant la révolution.

Et c'est ceci qui arriverait maintenant ; car, les faveurs de la tyrannie se refusent aux temps de l'effervescence, sont réservées pour le terme extrême des désastres.

La France allait passer par une cruelle série d'innovations, d'abord sous les formes parlementaires, puis selon le mode révolutionnaire : tant qu'il n'y avait plus de France peut-être, en ce jour trop lointain, trop tardif, où devait apparaître le bras de plomb, la tête d'airain.

Deux conséquences en dérivent.

Suivant la première, c'est un devoir pour toutes les puissances, pour toutes les intelligences, de sauver le pays de la fureur des partis, de sauver les partis de leur propre folie.

Quelles que puissent être les répugnances du pays, qui est à la fois trahi et trompé; le devoir pèse de même, et s'allège seulement, par l'attente légitime, que la lumière enfin dissipera les erreurs, que la gratitude enfin récompensera les efforts, couronnera les succès.

Quelle que puisse être la résistance des partis, qui se trompent et trahissent à la fois, le devoir s'élève, en raison de son intensité même, et s'empresse d'autant à atteindre au but de la délivrance commune; à ce terme où il n'est pas défendu d'espérer que les partis domptés, abattus, en jetant un regard en arrière, viennent à céder au repentir, à rendre grâce du bienfait.

La seconde conséquence est plus frappante, plus décisive encore.

C'est qu'il n'y a nul mérite, pas le moindre mérite, au plus simple, au plus obscur particulier, à se porter sur la brèche, à se jeter au-devant des coups, à se dévouer pour la défense de l'ordre public.

Car, si le triomphe devait être attribué à la plus juste cause, tel faible qu'ait été le secours, tels stériles qu'aient été les actes; encore y aurait-il en retour, sinon quelque faveur décernée à titre de gloire, au moins une certaine douceur éprouvée au sein de la conscience.

Et que, si l'arrêt fatal allait être prononcé, si pour la société française et chrétienne et humaine, tout était perdu, tout était fini; il n'importe qu'on ait combattu jusqu'au dernier instant ou qu'on se soit tenu dans la nullité, dans l'apathie.

Sous le cours des phases subversives et dévastatrices, dans le travail pris et repris de la dissolution sociale, quelle est l'existence qui ne serait de même, atteinte et frappée des coups de la fatalité ?

~~~~~~

Or comment à l'aspect des présages, à l'appel des menaces, se ferait-il que la royauté ne fût pas émue et agitée, inquiète et même troublée?

Soit qu'au titre de la jouissance personnelle, elle fasse son métier, soit qu'en vertu de la propriété héréditaire, elle fasse son devoir; l'esprit l'invite à juger, le cœur lui commande d'agir.

Mais, s'écrie-t-on, ni la charte, ni la royauté ne sont attaquées, ne sont menacées; les plus vains prétextes servent à couvrir les plus noirs desseins; ce n'est pas la charte qui réclame le secours de la paternité; c'est la royauté qui machine la ruine de son œuvre.

On ne veut donc pas, ou on ne sait pas voir.

Reprenons le cours des faits, en ménageant la mémoire des hommes, autant qu'il se peut sans trahir la vérité des choses.

Les cabinets de 1821, de 1828, ont existé, ont
~~~~~~

influé : de nécessité, ce qui est, dérive de ce qui fut.

Certes, le premier s'est trompé, puisque ayant la faveur du prince et l'appui de la chambre, il est tombé. Il a glissé sur le sol le plus uni; il a ébranlé le trône dans sa chute.

Le second, enfanté à travers les tourmentes, lancé sur une pente escarpée, ne peut prendre pied, et recule de jour en jour, perdant de sa force à chaque pas, cherchant trop vainement en arrière, quelque point d'appui.

Et les journaux étant libérés; les élections étant livrées, des résultats inévitables s'ensuivent.

L'armée désorganisée, le gouvernement entravé, le ministère bafoué; et la morale pervertie, la religion honnie, la royauté avilie!

Ainsi s'affichent à haute voix, s'apprêtent au grand jour, les projets insensés, les trames scélérates : car en la tête de l'homme, l'erreur, le crime, s'allient en telle manière, qu'il n'y a guère moyen de les saisir, de les apprécier à part.

Or les regrets, les remords peut-être, dont les chefs vont être tourmentés, ne mènent qu'à leur perte, ne mènent point à notre salut.

Une fois l'impulsion fortement imprimée, il n'est point donné aux masses de se retenir, de se diriger : le mouvement sans cesse accéléré, les entraîne, les emporte, jusqu'à ce qu'une répulsion, une réaction équivalente en puissance, à la force progressivement acquise, vienne à l'encontre, et mette arrêt.

Encore est-il possible de nier le péril, car les mots coûtent peu : mais qui donc irait jusqu'à nier la peur? Qui donc se refuserait à croire qu'à tort ou à raison, les craintes se sont élevées, au bruit retentissant des clameurs.

Qu'on reconnaisse la peur! elle est vraie, elle est réelle : qu'il y ait ou qu'il n'y ait pas de cause, les effets ne manqueront pas d'être les mêmes.

Toutefois la royauté indulgente sans doute, n'accuse que le ministère ; et ne conservant plus celui de 1828, ne rappelant point celui de 1821, elle essaie un cabinet nouveau, elle tente d'un autre système.

Les précédens systèmes furent périlleux ; c'est le passé qui le dit : le système présent sera-t-il plus chanceux ; l'avenir le dira. Un terme est apposé au mal ; la puissance humaine s'arrête là : les voies du bien vont-elles s'ouvrir ? la Providence en décidera.

Voilà cependant que la colère éclate contre les élus de la couronne, dont le seul acte jusqu'à présent est de s'être soumis à la volonté royale, dont le seul délit serait d'être émané de la volonté royale.

Et en incriminant, à l'aide des souvenirs qui pèsent sur eux en une façon bien autrement pénible, en lançant des reproches si faciles à leur rétorquer avec un immense avantage, les gens s'accusent à plaisir, se condamnent sans appel.

On déclame, on déblatère contre les ministres.

Eh! mais, qui donc les a appelés, au lieu de ceux qui étaient en place, au milieu de ceux qui étaient sur les rangs? Qui donc les a désignés et marqués à ne pas s'y tromper, si ce n'est par les lettres du nom, du moins par les traits du caractère?

Ce sont ces hommes mêmes : ce sont ceux-là dont les emportemens ont forcé la main au dernier cabinet, dont l'enivrement a proclamé avant le temps des desseins qui, à leur dire, ne tendaient qu'à épurer la monarchie, qu'à éterniser la dynastie ; des complots qui à notre sens, travaillent déja et parviendraient enfin à détruire, à abolir la monarchie et la dynastie.

Ils voulaient le bien, le mieux plutôt : mille graces soient rendues à leurs loyales intentions. Seulement le bien à venir de ce bord, a semblé le mal ; le mieux à faire en cette façon, a paru le pire.

On s'est trompé, disent-ils : on se trompe encore, on se trompera toujours, disons-nous.

En somme, il n'y avait point de péril : nous l'accordons.

Mais il y avait peur : qu'ils l'accordent aussi.

Partant, si la peur conseille mal, du moins elle conseille : et c'est avec d'autant plus de force, de constance, qu'elle est plus ardente, plus intense.

En veut-on la preuve ? Que certaines gens consentent à rentrer sous terre ; et la royauté ainsi libre, alors calme, n'aura plus à prendre des ministres de défense, de résistance ; ou en tout cas, ceux qu'elle prendra, n'auront plus à sauver l'Etat, n'auront qu'à le servir.

La vérité est si simple et si claire, qu'à ces titres, allant droit au cœur, droit à l'esprit, il suffit
de deux mots, qui disent : la voilà.

En politique, quelle est la conscience qui la
renie, l'intelligence qui la rebute? Où sont les passions qui se la dissimulent.

Qu'on voie plutôt, les agitateurs, les pertur-
bateurs, les conspirateurs, non pas tant qu'ils
combattent, mais alors qu'ils ont vaincu, se mon-
trer empressés de lui rendre hommage, c'est-à-
dire de reconnaître l'absolu besoin de l'autorité ;
car, en politique, voilà la vérité.

Les masses ne rêvent que l'égalité; niaises au
dernier point, en ce que l'égalité ravie sur les rangs
supérieurs, ne sera point dispensée aux classes
subalternes, et s'amoncèlera, se concentrera entre quelques parvenus de la tribune et de la
presse :

Si bien, qu'il y a sans cesse à recommencer le travail, à reprendre la société sous œuvre, sauf qu'elle ne s'écroule bientôt.

Les chefs n'aspirent qu'à l'autorité : autant et plus insensés dans leurs vues, en ce que l'autorité envahie par des mains usurpatrices, exploitée parmi un peuple désorganisé, démoralisé, porte cette incompatibilité absolue, de la violence dans l'intention, et de l'impuissance dans l'exécution :

En ce que, la lutte, le triomphe contre le pouvoir consacré par le droit, consolidé par le temps, ont montré les voies, ont jeté des armes ; si bien que c'est un jeu de mettre à bas, ce pouvoir né des hasards ou des complots, né d'hier.

C'est toujours cette nation, *qui de liberté ne se soucie guère*, qui même à la liberté, n'entend rien, ne conçoit rien.

C'est cette nation, que la royauté seule, pouvait être tentée de doter de la liberté, que la royauté seule devait éduquer à la liberté, sous les auspices de l'autorité.

C'est cette nation, dont la faction suscite et caresse les penchants déréglés, bien décidée à les réprimer au premier jour, dont elle fait usage, ainsi que d'un outil, d'un instrument, toute prête à le briser après le succès.

Car il n'appartient de faire des actes de libéralité, qu'à la richesse qui possède au-delà de ce qu'elle consomme, qu'à la force, qui en cédant une part du pouvoir, ne craint point que son lot lui soit enlevé.

Quoi qu'il arrive, l'autorité demeure ou revient en égale mesure, ou plutôt dans la mesure proportionnée aux nécessités de la société, dans une mesure d'autant plus large, en raison des progrès de l'anarchie, en conséquence des révolutions successives.

Ainsi, la question infiniment simplifiée, loin de s'établir entre tel ou tel degré d'autorité publique et de liberté privée, se limite au choix de tel ou tel dépositaire du pouvoir.

La question n'a point trait aux choses; elle est tout en vue des hommes.

Au fait, il n'y a en conflit, en débat, que la légitimité d'une part, et de l'autre, que l'envie, la vengeance, l'ambition.

Disons mieux, il n'y a que la folie, que la démence, que l'insanité.

Car, il faut être juste, le parti n'entend pas renverser, au moins d'emblée, le trône de vingt générations.

Le parti se fait fort, au contraire, dès lors que la couronne sera placée sous sa garde, de la protéger contre toute atteinte, et même de l'élever en gloire, en puissance, d'autant plus qu'elle se tiendra soumise à sa loi.

Et, dans la pensée, c'est fort sagement combiné, puisque sous l'enseigne fantastique de la royauté, le pouvoir serait exercé à son bon plaisir.

Dans la pratique, c'est seulement impossible.

On ne voit donc pas que, si la couronne cédait une fois, elle n'aurait plus qu'à céder sans cesse et sans relâche ; que si elle se rendait aux assaillans du jour, elle devrait se rendre aussi à ceux du lendemain, du surlendemain, toujours égaux en droits, de plus en plus supérieurs en force.

En sorte, qu'il faudrait élire entre l'alternative ou de quitter les fauteuils, presqu'au moment d'y prendre siège, ou pour y tenir, de transporter la couronne sur une autre tête.

On ne voit donc pas, qu'aussitôt que la couronne se serait abaissée, avilie ainsi, tout s'évanouit autour d'elle, et le prestige des siècles de gloire, et l'ascendant du noble caractère, et la magie des douces vertus, et le charme des éminens bien-faits.

De telle façon que, même sans les attaques de l'ancien ennemi, et même malgré le dévouement des nouveaux défenseurs, perdant l'à-plomb et flé-chissant sous son poids, la couronne s'ébranle et tremble, et tombe.

Ce n'est plus le Roi et le pays : c'est le parti même, qu'il faut sauver, ou de la ruine ou du crime.

Et comment douter, qu'à cette dernière fin, au moins, quelque section plus sensée, ne se détachât du parti aveuglé, ne se ralliât aux saines opinions, pour former une imposante réunion dans la chambre.

Mais déja, n'était-ce pas fait? Déja, n'existait-il pas une majorité décisive? Il faut en croire l'oracle.

« Au commencement de la session, le côté
« droit, c'est-à-dire, les amis de M. de Villèle,
« était en minorité : depuis ce temps, les réélec-
« tions ont amené quarante députés constitu-
« tionnels; et cependant, la minorité est devenue
« la majorité :

« Que s'est-il donc passé? » (Constitutionnel du 12 juin 1829).

Rien, sinon qu'en 1828, la majorité effarouchée, ombrageuse, n'a répondu qu'aux alarmes du passé, quand les menaces de l'avenir parlaient seules.

Sinon, que la majorité éphémère, qui naît et meurt dans l'acte du scrutin, s'est laissée entraîner en vue de quelque dessein favori, à voter en masse, des dispositions répugnantes.

Or, le passé s'enfonçant dans les abîmes du temps et l'avenir venant à poindre, à éclater sur les têtes, l'opinion enfin éclairée, a gémi, a frémi devant son œuvre même.

Tellement, que la minorité de 1828, devenue la majorité de 1829, n'attendait que l'initiative de la couronne pour révoquer les lois surprises à sa religion.

Les choses en étaient là ; lorsque la couronne, émue sans doute des mêmes sentiments, s'est résolue à former un nouveau ministère approprié suivant qu'il lui semblait, à satisfaire les vœux communs.

Mais, dit-on, les convenances ont été méprisées : mais, dit-on, les chances ont été mal calculées.

Cela se peut, sans doute ; la couronne est impeccable, et non infaillible. Les temps porteront la lumière, donneront la leçon : jusqu'à cette heure, il n'y a pas lieu à désespérer de son intelligence, de sa volonté.

Sauf que ce soit demain même, que la foudre lancée, on ne sait d'où, doive dévorer la charte en un clin d'œil, et écraser les libertés publiques sur la place, faut-il lui enlever le pouvoir de réparer le mal opéré.

Sauf qu'il y ait certitude de ne pas tomber du péril présent dans un futur péril, de ne pas passer de chance en chance plus menaçante ; faut-il transmettre le pouvoir entre des mains au moins inapprises.

Et voyez, au terme de cette opération de

nouvelle sorte, la royauté combattue et vain-cue, la royauté devenue timide et craintive, si ce n'est même honteuse.

Voyez le parti poussé au faîte, prenant ses mesures afin de n'être pas renversé aussi; et se montrant tyrannique pour la défense, autant qu'il fut anarchique dans l'attaque.

Il sait trop comment on détruit le pouvoir : il sait de même comment se maintient le pouvoir.

A l'instant même, la faction des collèges, la licence des journaux, organisées par des lois, dont il s'est servi pour triompher, dont on se servirait pour l'abattre, seront abolies.

Tristes lois! après que leur action dissolvante aura miné, aura détruit ce qui est légitime, elle va s'éteindre, épuisée par l'effort ou réprimée par la force, devant ce qui est illégitime.

Non, ce n'est pas ce que voudra la majorité existante à la fin de la dernière session, et ressuscitée pendant le cours de la prochaine.

Non, ce n'est pas ce que voudrait aucune majorité d'une chambre quelconque, d'une société quelconque; car cette règle ne souffre point d'exception, que le maintien de l'ordre social importe à tous, que sa ruine ne profite qu'à peu.

Revenons sur ces lois, dont la fatale destinée est de mener à des fins contraires aux vues qui les dictèrent.

Vit-on jamais la folie monter à ce point, d'installer au sein des élections, l'empire permanent de la faction, comme en échange et par vengeance des actes de fraude dont elles étaient accusées; de briser toutes les barrières opposées au cours de la licence, en souvenir de l'établissement éphémère de la censure, au moment de son abolition finale.

On travaille à fermer toutes les avenues devant le retour de l'ancien ministère, auquel s'opposent déjà des obstacles insurmontables; et, dans la crainte que l'autorité vienne à retomber dans ses mains, on abolit l'autorité même, aux mains de quiconque doit en être investi.

Cependant l'autorité est de première nécessité, si bien que dût-elle passer au pouvoir de l'enfer, tous les vœux suscités par les besoins, se résigneraient à la rétablir, à la raffermir.

Aussi, et presque à son insu, et peut-être à contre-cœur, la couronne s'insurge pour ainsi dire, ou plutôt se relève, appelant au lieu de ce ministère qu'on haissait tant, un ministère qu'on craint encore davantage.

Car la force est commandée dans la juste proportion des résistances à vaincre, des périls à surmonter.

La leçon est claire : telle cause a produit tels effets ; si les effets répugnent, il faut retrancher la cause.

On raisonne en sens contraire : les lois ont été faites contre l'ancien ministère ; le nouveau ministère est encore plus fàcheux : il faut d'autant plus tenir à ces lois.

Ce qui serait assez juste, s'il n'y avait que des ministres : ce qui est tout-à-fait faux, tant qu'il restera une royauté, laquelle a le devoir et le moyen de soutenir l'autorité, de jour en jour attaquée, affaiblie ; laquelle est tenue, est obligée en conséquence, à prendre des mesures d'un ordre progressivement élevé.

Puis, on abandonne cet argument ; on se décide par un autre motif.

Voyez, s'écrie-t-on, quelle est l'effervescence générale ! La fougue est plus impétueuse qu'en

1828 : alors on fut contraint de lui céder. Comment pourrait-on lui résister maintenant?

Eh ! pourquoi l'effervescence, la fougue se sont-elles ainsi exaltées? si ce n'est parce qu'on a cédé. Enlevez le couronnement d'une digue ; le torrent se charge de la raser jusqu'aux fondemens.

Si c'est qu'on doit céder de nouveau, l'effervescence, la fougue, excitations privées de sens et de règle, s'aggraveront de plus en plus, et dévoreront tout.

Veut-on un gouvernement quelconque? quand le calme règne, qu'il se taise ; quand le trouble survient, qu'il élève la voix ; quand le désordre est au comble, qu'il tonne, qu'il foudroie.

Un gouvernement qui se laisserait asservir, une autorité qui ne saurait qu'obéir, impliquent contradiction dans les termes.

Or, il existe donc une passion unanime de liberté dans cette peuplade de trente millions d'ames.

Or, il n'est donc pas vrai, qu'on doive craindre une ordonnance de réformation, une contre-révolution.

Changer les lois, en dépit des esprits, ou changer les esprits au moyen des lois, c'est une entreprise qui réussit en 1799, qui ne réussirait pas en 1829.

Car, autant qu'il semble, la nation n'est pas

comme alors, si lasse et si honteuse d'elle-même : car, suivant ce qu'on dit, la restauration n'est pas tant en crédit, n'a pas un tel ascendant.

De là, sauf qu'il y ait dans le conseil, la valeur de sept hommes, de force outre nature ; ou plutôt, sauf que cette valeur soit concentrée en une seule tête, ne tremblez plus, vivez en paix.

Et, tout au plus, accordez-vous, en cas que votre esprit doute encore, de remettre le jugement sur certaines lois, au terme d'une année ; et même à cette époque, pour peu que le cœur vous manque toujours, résignez-vous à ajourner l'arrêt de session en session.

Mais, pour dieu, n'allez pas, si c'est contre votre conscience, maintenir ces lois, dans le seul dessein de renverser un ministère qui, non sans vous déplaire de même, du moins ne peut plus vous effrayer.

Mais, pour dieu, quand vous êtes à l'abri et du péril et de la peur, que l'envie, ou la vengeance, ou l'ambition, ne viennent pas vous stimuler à entraver la marche de ce ministère qui semble possédé de la tentation quelque peu hasardeuse, de réparer le mal qui a été fait, de prévenir le mal qui serait fait, seulement avec les moyens exigus qui sont laissés à sa disposition.

C'est votre œuvre qu'il corrigerait ; c'est votre devoir qu'il remplirait.

S'il périt à la peine, vous ne l'aimez pas, et vous serez contens. S'il mène la tâche à bien, vous n'aurez plus, ni à étouffer votre conscience, ni à éclairer votre esprit, ni à échauffer votre cœur; et vous serez contents.

Or, ce qui se dit ici, c'est ce qui se fera.

Il n'est pas si difficile qu'on peut croire, de présumer la volonté de la chambre, de la saisir par anticipation, en ces momens solennels, où elle aura à se former enfin ; de présumer la volonté qui doit s'élever et se fixer au terme marqué, chassant au loin, et ces affections de date surannée et ces prétentions de sorte prématurée, qui seront hors de saison.

Peut-être, l'idée est-elle encore émue par certaines craintes ; peut-être, fléchit-elle encore sous le poids de quelques souvenirs. Eloignés du théâtre, les esprits gardent l'empreinte des scènes du passé ; ce n'est qu'à la rentrée, que les annonces de l'avenir leur apparaîtront, les détermineront.

Ecoutons les inquiétudes mieux avisées.

« Le ministère du Roi aura-t-il été renversé ? Par quel ministère sera-t-il remplacé ? Les journaux qui ont tué l'un, doivent enfanter l'autre. Nous voyons quels sont les journaux ; nous savons quels sont les ministres !

« Arrêtons-nous là : il serait oiseux, il serait trop douloureux, de percer plus loin, dans la région des hontes, des horreurs progressives.

« Certes, nous n'aurions pas nommé le cabinet actuel ; mais nous nommerions encore moins le cabinet futur.

« Le premier ne peut perdre la France, avant d'avoir pris les ordres du Roi : condition quelque peu rassurante.

« Le second devrait peut-être la perdre, dans le vain essai de renverser le trône : présomption doublement effrayante.

« Gardons les haines, couvons les vengeances : n'est-ce pas la vie de l'ame ? Bien loin de jamais s'assoupir ou s'apaiser, qu'elles s'animent plutôt et s'embrasent, si c'était par hasard que des actes insolemment loyaux et perfidement justes, osassent tenter de les calmer.

« Mais cessons de nous abuser : une irrévocable, une irrésistible loi, régit le monde physique, et moral et social.

« Dans quelque ordre que ce soit, le mouvement ne porte point en lui-même, un terme quelconque ; comme aussi, un terme lui est imposé à la rencontre des obstacles, qui s'amoncellent, se fortifient, d'autant qu'il s'est avancé dans l'espace, et dont la résistance négative l'arrête d'abord, puis tournant en une impulsion positive, détermine son cours dans le sens contraire, avec la même vitesse.

« De là, cette suite d'oscillations alternatives, toujours en direction opposée, toujours d'égale intensité.

De là, à point nommé, cette survenance de la réaction, exactement proportionnelle, rigoureusement équivalente en force, en vivacité, à l'action qui l'a produite et qu'elle doit détruire.

« Cela est clair : nous aurons un ministère en sens justement inverse, en sens adverse, à proprement dire.

« Si celui-ci nous semble trop prononcé et exagéré, nous semble impétueux, violent, celui-là aura les mêmes caractères, sauf que ce sera dans la ligne diamétralement contraire.

« Si celui-ci est maudit à un degré qui passe tout calcul, celui-là sera à maudire de même.

« Car parmi nous, qui donc se refuse à croire que le radicalisme est au moins au pair de l'absolutisme, en fait de volonté et de puissance, au moins au pair quant aux conséquences désastreuses.

« Fatale position, où nulle autre chance de salut, encore bien lointaine, ne resterait ; sinon qu'à telle époque, après telle somme d'excès, la contre-réaction pareille en tout point, aurait lieu.

« C'est en raison même de la ferveur de nos haines, de l'âpreté de nos craintes, au sujet du ministère actuel, qu'il nous faut, non pas précisément travailler à le conserver, mais bien certainement ne pas travailler à le renverser.

« Laissons plutôt faire sa besogne au temps, à ce grand maître dont l'art est de procéder avec règle et mesure, dont le génie sait fonder sur les bases du passé, l'édifice de l'avenir. »

Nota. A la lecture de ces extraits de divers écrits, on aura besoin de remarquer à quelle occasion, dans quels desseins, ils ont été publiés.

On devra surtout y reconnaître une plume qui n'a jamais courtisé le pouvoir, qui ne s'est jamais asservie à l'opinion.

EXTRAITS.

Or, des sacrifices, des concessions, bien que cette expression révolte, sont indispensables, inévitables : ils viennent en compensation naturelle des envahissemens, des violations qui ont eu lieu, ils répondent à la nécessité du rétablissement de l'équilibre troublé, renversé.

L'État est un ; il lui faut expier les torts qui ont été commis ; il lui faut créer la foi, fonder l'espoir, effacer le passé, disposer l'avenir.

Sous ce rapport, la juste ligne a déja été tracée.

« Les concessions entièrement libres ne perdent jamais ; les concessions absolument forcées ne perdent pas non plus : elles annoncent seulement que tout est perdu.

« Entre les unes et les autres, se présentent des concessions de nature délicate, demi-libres, demi-forcées, auxquelles on est amené, soit par des craintes légitimes, soit par une peur puérile.

« Si la peur commande, on suscite l'audace, l'exigence ; c'est aggraver le péril.

« Si les craintes déterminent, on gagne du temps, on acquiert des moyens : c'est atténuer le péril.

« Quant à Louis XVI, souvent les conseils de la peur, soufflés par des traîtres, l'ont égaré, et souvent des flatteurs l'ont induit à mépriser les plus justes craintes.

« Deux causes opposées se sont réunies pour le perdre. »

....

Il y a des concessions imposées, des concessions ins-
pirées : celles-là qui sont faites à l'opinion, après que
par l'effet du mouvement des esprits, ou à la suite des
erreurs du pouvoir, elle a acquis de la force, et s'est mise
en autorité ; celles-ci qui sont faites à la conscience, lorsque la règle a cédé la place à l'arbitraire ou que la légalité a été faussée par la violence.

Les premiers altèrent l'ordre des choses, s'ingèrent au
vague de l'avenir, non sans obstacles et sans périls ; car à
travers le chaos des évènemens contingens et le dédale des
réactions mutuelles, il n'est point donné au législateur de
prévoir le résultat final de ses actes. C'est une révolution.

Les secondes rétablissent l'ordre des choses, s'appuient
sur le sol du passé, avec l'approbation générale, avec la
plus parfaite sécurité. C'est une restauration.

....

Aussitôt que la justice aura obtenu les concessions
qu'elle réclame, la force se produira d'elle-même pour
repousser les exigences des factions.

Disons mieux : les exigences satisfaites, bien loin de
tendre au retour du calme et de l'accord, en premier
lieu voient l'ambition, de plus en plus emportée, ne s'arrêter à aucun terme, tant que le triomphe vient l'y re-
joindre, et pousser jusqu'à un point qui dépasse les li-
mites du possible.

En second lieu, comme elles sont entendues dans l'intérêt personnel des chefs, tantôt couronnant des vœux
émis et soutenus par eux, tantôt les installant dans des

places éminentes, elles ont l'effet certain d'accroître leur renommée et leur influence, d'élever encore et de consolider leur puissance sur des sectaires aveuglés.

Si bien que la satisfaction des exigences opère en sens contraire des fins qu'on se propose.

Mais autant les chefs sont insatiables, autant la foule qui n'a point de prix à gagner, qui n'a qu'à perdre le temps et le repos, est lente à tirer de l'inertie, est prompte à rentrer dans la neutralité.

Il lui faut si peu : voyez seulement en quoi, au fait et au fond, ces griefs, ces plaintes, ces reproches, dont il est fait tant de bruit, non sans les plus justes motifs, pèsent et frappent sur la foule, sont saisis, sont sentis par la foule.

. . . .

Dans l'enivrement du succès, l'opinion tourne à l'insanité, à la frénésie, et se jette hors de la droite voie, s'emporte au-delà de toute mesure, sans que sa course vagabonde doive rencontrer un terme, subir une pause, sauf au fond de l'abîme.

Mais que l'autorité veuille : cela suffit.

L'autorité semble ignorer combien d'élémens hétérogènes et même antipathiques, sont confondus dans cette masse informe dont l'aspect extérieur glace d'effroi ; comment le cours des faits, le laps du temps, ont détourné la direction qui leur fut imprimée par l'impétuosité du tourbillon.

Encore l'opinion se tient d'à-plomb, et garde de l'ensemble, tant que le sentiment qui la rallia n'est pas satisfait, tant que l'ennemi commun n'est pas abattu ; ou, pour parler en thèse générale, tant qu'il y a à combattre, à vaincre.

Ce sont ses beaux jours ; aussitôt qu'il s'agit d'édifier au lieu de renverser, l'opinion tend à se dissoudre, à se résoudre en fractions numériques, en factions politiques.

Et d'autant que les fauteurs les plus audacieux affichent leurs prétentions, d'autant le grand nombre indolent ou timide, hésite et tremble, invoquant au moins par des vœux tacites, l'intervention protectrice de l'autorité.

Il en est des peuples comme des hommes, dont les plus sains, les plus froids, ne sont point à l'abri d'éprouver des accès de fièvre, des crises de délire : avec cette différence que chez ceux-ci, les causes en restent inconnues, tandis qu'elles se montrent à découvert parmi ceux-là ; et non sans cette ressemblance, que l'art ne parvient souvent qu'à aggraver, à prolonger l'état maladif, tandis que le cours libre de la nature ramène plutôt la convalescence.

Bien que des deux bords on prétende le nier, les perturbations successives de l'opinion en France, n'ont existé qu'après avoir été provoquées, n'ont présenté que des scènes d'engouement et de fougue, venant à la suite d'excitations réitérées, et faisant place à l'insouciance, à l'apathie.

Sans remonter plus haut, on a vu, au moment même de la plus vive irritation, sous le joug de la censure, les esprits tourner au repos, tomber presqu'en léthargie ; si bien qu'en retardant la session, au lieu de convoquer les collèges, le ministère aurait pu avancer dans les voies du despotisme.

La France est calme, est même morne, par la raison que l'imagination s'est amortie sous le coup de tant de vicissitudes, toutes pénibles, aucunes profitables; et que l'intelligence est généralement confinée dans un cercle étroit, au-delà duquel tout semble vague et confus.

Or, en l'absence des vœux, dans l'oubli des droits, les concessions ne sont point faites à la France; car la réponse ne vient pas avant la demande.

Les concessions sont requises, sont saisies par une section, par une faction qui, s'exprimant induement en son nom, fait prévaloir un intérêt partiel, dissident, agressif, contre l'intérêt général.

Par suite de quoi, la royauté perd d'une part; et de l'autre, la nation perd à double titre, en ce que la royauté tutélaire garde moins de force pour la protéger, en ce que la faction usurpatrice acquiert plus de moyens pour l'opprimer.

. . . .

Il n'y a plus d'espérances, après qu'elles ont été si souvent déçues par les tardives leçons de l'expérience : il n'y a point de vœux, quand ils ne sont pas suscités par le sentiment des besoins.

Et les besoins n'existent qu'en conséquence, en dépendance des facultés; les besoins sont commandés pour leur exercice, sont limités à leur usage.

Ainsi dans l'organisation de l'homme, la liberté proprement dite, répond à la faculté locomotrice, trait essentiel et capital de sa nature, constituant à ce titre un besoin universel, permanent.

La même loi suit l'espèce humaine dans le cours progressif de ses développemens; la même liaison continue entre l'extension des facultés et des besoins; de sorte que l'erreur serait équivalente, ou d'établir un code d'institutions libres en Turquie, ou d'asservir l'Angleterre à la domination des pachas.

La France se présente, sans doute plus voisine de l'Angleterre, mais extrêmement variée dans ses diverses zones, et trop avancée en quelques grandes villes, fort arriérée au fond des provinces.

Qu'on mette à part certains lieux, ou plutôt certaines classes en certains lieux : et qu'on observe dans le reste du royaume, comment ici, la liberté politique est à peine connue de nom, et répugne au lieu d'attirer; comment ailleurs elle est entendue à contre-sens, et ne porte que l'idée de la licence, de la jalousie, de l'intolérance.

Imposer la liberté aux uns, c'est leur faire subir le joug, ce qui implique contradiction : laisser les autres ravir la liberté, c'est les inviter à la tyrannie, ce qui mène à sa destruction.

En un mot, sous les deux atmosphères de la morne apathie et de la crasse ignorance, entre lesquelles est réparti, sauf peu d'exceptions, le sol de la France, la liberté ne peut germer, ne peut pointer droit, qu'à l'abri de l'autorité.

. . . .

La liberté doit être mesurée en raison de la capacité commune, afin que ceux-ci n'envahissent pas la part rebutée par ceux-là, ne parviennent pas à s'organiser en faction oppressive.

La liberté doit être également répandue, si l'on peut parler ainsi, sur tous les points du pays, et justement dispensée entre tous les membres de la cité; doit être fondée sur des notions générales, et réglée selon des lois constantes, se gardant bien de plier devant les occurrences passagères, de sanctionner les résultats du hasard ou de l'intrigue.

Il faut voir si ces principes ont été respectés dans la loi sur la révision des listes.

Au premier coup d'œil, on est forcé de reconnaître qu'elle procède sous deux points de vue, en une manière fautive, de même que la loi sur la presse périodique.

Car ces lois rédigées suivant la méthode d'abstraction, en offrant à la volonté de tous, soit la liberté de publication des journaux, soit l'action en réclamation des tiers, ont omis d'examiner si ces deux facultés ne seront pas communément répudiées, et d'observer que des droits exercés par un seul parti, tendent à soumettre l'autre à sa loi.

Car ces lois conçues sous l'influence de l'occasion, ne songeant qu'à combattre l'ennemi défunt, et prêtant des armes à l'ennemi naissant, ont abrogé le droit de censure facultative, ont institué la permanence des listes, sans que nul puisse être certain qu'en telle circonstance future, la censure ne sera pas commandée pour le salut de l'Etat, et la permanence appliquée à sa ruine.

. . . .

La loi ne saisissant qu'une des faces de la question, se

borne à protéger la liberté des élections contre les tentatives administratives, et néglige de préserver la volonté des électeurs, de l'influence des entreprises factieuses.

Mais le gouvernement, la faction, étant seuls à faire corps, étant seuls de force à lutter ; par cela même que celui-là est mis hors de cause, est tenu à l'écart, celle-ci reste tout-à-fait libre, devient toute puissante.

La loi sauve les élections d'un risque qui était éteint à jamais, et les livre à un péril qui s'accroît de jour en jour ; elle aspire à ce que la liberté ne soit plus entravée, et réussit à ce que la volonté soit encore plus entraînée.

Le dernier recensement des votes de Paris donne l'avant-goût des élections futures du royaume.

Sans parler des électeurs royalistes manquant à l'appel, ni des électeurs libéraux et radicaux inscrits en fraude, double conséquence du projet de loi (1); l'opinion successivement et progressivement exaltée, et acquérant plus d'audace, plus d'activité en raison de ce qu'il lui restera moins de sectateurs, délaissera les favoris de la veille, élèvera sur le pavois des gens nouveaux, sans cesse nouveaux, de plus en plus nouveaux.

---

(1) Un certain nombre d'électeurs se sont préservés du jury en se retirant des élections, attendu qu'il n'y a plus moyen de les inscrire comme autrefois, en qualité de notables... Les gens de paix et de bien, répugneront d'autant à produire leurs titres, ou se refuseront à les fournir en cas de réclamation.... Des individus indûment inscrits sur les listes de 1827 y resteront, ou ayant perdu leurs droits électoraux, les exerceront, sauf la chance peu effrayante pour eux, de la réclamation des tiers.

Ainsi qu'il fut pendant la révolution, ainsi qu'il faut pour une révolution.

. . . .

Il faudrait que la liberté des élections ne fût pas comprimée par le gouvernement ; il ne faudrait pas que la volonté des électeurs fût enlevée, emportée par une influence quelconque.

Et ce dernier sacrilège produit encore les effets les plus sinistres ; attendu que la totalité des électeurs offre une volonté à séduire, au lieu qu'un petit nombre seulement est exposé à perdre la liberté.

Quelque jour, il conviendra d'y songer : à défaut de quoi, la plus faible minorité parviendrait à subjuguer la majorité.

Comme la brigue qui naturellement devrait répondre à la brigue, ne sera jamais aussi habile, aussi active dans le sens opposé, il y aura à comprendre enfin que le gouvernement doit être mis en état de résister, de balancer la puissance du contre-gouvernement.

Déja son devoir l'appelle, non-seulement à se défendre lui-même, mais encore à protéger, à garantir la pureté, la vérité des élections.

On parlait du comité directeur : peut-être a-t-il tenté de dissimuler ses manœuvres ? ou peut-être s'est-on lassé d'exécuter ses ordres suprêmes ?

La mode est venue des assemblées préparatoires : et le mal n'est pas dans la discussion des candidats, dont les plus notoires peuvent être ainsi écartés.

Mais qu'est-ce donc ? 8oo électeurs composent un collège ; 600 sont libéraux ; 500 s'assemblent ; 160 votent pour tel nom.

Et voilà que les 600 se croient tenus en conscience, de faire valoir le quidam ; voilà que 440 électeurs sont réduits à l'état d'eunuques, en fait de volonté ; à l'état d'ilotes, en point de liberté.

Cela est intolérable : on sera forcé d'en venir au système du poll.

En Belgique, en Bavière, dans le Wurtemberg, l'ordre et la paix règnent, parce que la révolution non indigène en ces pays, y fut importée, imposée, et ne s'y était ingérée que dans la forme des lois, sans avoir percé jusqu'au sein des intérêts et des passions.

Mais quand le mécanisme social, ayant été complètement détruit, vient à être rétabli sous un mode mitoyen, comme d'un bord et de l'autre, il y a du mécontentement, des oscillations successives et alternatives doivent avoir lieu.

Les graves changemens qui ont déja été opérés ouvrent un vaste champ aux espérances de tous les partis ; et chaque parti, depuis long-temps en état de haine et de défiance contre ses rivaux, restant isolé d'eux, ignore leurs desseins, leurs moyens ; restant confiné en lui-même, ignore les sentimens de la masse neutre.

Alors se développe la prédisposition, trop naturelle à

notre esprit, de prêter un corps à ses vaines idées, de les revêtir du caractère de la réalité; par un étrange qui-proquo qui a déja porté tant de mécomptes, qui causera encore tant de désastres, l'homme ne distingue plus entre sa volonté et sa puissance.

Le parti qui tient le pouvoir en use, en abuse avec une confiance d'autant plus aveugle que ses maximes sont plus honorables; car on n'apprend qu'à la suite de revers réitérés, que les principes moraux, pour parvenir au triomphe, sont astreints à respecter les forces matérielles.

Ainsi, en 1816, les royalistes marchant plus vite que le Roi, et en 1820, les libéraux devançant le cours du siècle, amenèrent une révolution oscillatoire dans le sens opposé : laquelle, en ces deux occasions, fut imprimée du haut du trône, fut appuyée par la masse neutre, dont la force d'inertie tend toujours à amortir les mouvemens trop impétueux.

. . . .

De 1816 à 1820, le cours progressif de l'usurpation révolutionnaire avait peu à peu, jour par jour, éloigné de la ligne suivie, tels et tels individus qui s'étaient rapprochés, s'étaient comptés et prenaient repos en leur nombre, en leur force.

Au lieu qu'en 1828, la révolution radicale a éclaté comme la foudre : et d'une part, le temps n'a pas été laissé pour se rallier et combiner des moyens suffisans de résistance; de l'autre, puisqu'il faut le dire, dans l'incertitude du résultat final, on craint de s'exposer vainement; on préfère de se tenir prêt à toute occurrence.

Aussi, la conduite est diamétralement opposée.

(38)

1820 a vu le changement du système électoral, l'accroissement du nombre des députés, la création du double vote; mesures diverses, dont la dernière portait l'inconvénient d'inspirer la jalousie et d'exciter les défiances, semant ainsi dans les esprits, le germe d'une disposition réactive.

Or qu'est-ce que voit 1828?

Une loi qui semble accordée aux exigences du parti , dont le vote va la consacrer; qui semble combinée en haine et au détriment du parti dont les boules doivent la rejeter;

Une loi qui protège les intrigues conspiratrices , qui proscrit l'intervention tutélaire;

Une loi qui fabrique des armes de toute sorte, destinées à être saisies par les uns, tournées contre les autres;

Une loi enfin qui fonde à perpétuité, une fonction de nature éventuelle , qui érige au cœur même de l'Etat, un pouvoir prêt à se lever au moment d'une crise, et certain de renverser tous les pouvoirs légitimes.

Et cela se fait, après que les élections générales, les dernières élections surtout, ont montré la loi actuelle déja insuffisante contre l'esprit de parti, ont présenté un résultat incomparablement plus décisif qu'en 1820.

. . . .

Eh grand Dieu! l'esprit du siècle, harcelé et non dompté, fait assez de chemin; la tâche de la loi se réduit à ralentir , à régler sa marche.

Jamais on ne reverra les chambres de 1815, de 1824, produits éphémères de la restauration et de la guerre d'Espagne ; dont l'une, trop ardente, l'autre trop servile, ont amené celles de 1816, de 1828.

A peine, peut-on espérer de retrouver cette dernière même : et certes, ce ne sera pas sous le régime du projet de loi.

Sous un tel régime, il ne reparaîtrait dans la chambre nouvelle, vis-à-vis un certain nombre de députés de la droite, que fort peu du centre droit, et moins encore du centre gauche.

Si bien que les centres ne sont tant affairés en ce moment, qu'à l'effet de rédiger pour eux-mêmes, presque pour eux seuls, la loi grecque de l'ostracisme.

Et après l'expulsion des deux partis, qui se rallient sous le titre d'hommes monarchiques, que reste-t-il en présence et face à face, dans la chambre élective ?

Ici les royalistes proprement dits, pour un tiers ou un quart ; là les libéraux ou plutôt les radicaux en immense majorité : dont le combat à outrance se termine bientôt par le triomphe de ceux qui ont pour allié naturel, le temps.

. . . .

Du reste, qu'y a-t-il à dire, ou à redire ?

Aux députés de l'extrême droite, pas un mot. Ils sont bien résolus, sans doute, et rien ne pourrait les faire conniver à l'adoption du projet, sauf que ce fut l'idée criminelle de laisser empirer les choses, au point qu'il dût s'ensuivre un retour au pouvoir absolu.

Aux membres de l'extrême gauche, deux mots seulement. Qu'ils y réfléchissent : en politique, les oscillations se succèdent en sens inverse ; quand les choses sont poussées à l'extrémité, là, est le point d'arrêt, le point d'appui, sur lequel s'opère une réaction au même degré.

Ils nous en donnent la preuve à cette heure. La loi éternelle se retournera contre eux.

Lorsque les élections seraient abandonnées à leurs sectaires, lorsque la licence serait délivrée de toute crainte de répression, sans doute en dépit des chefs bientôt débordés et refoulés, la France passerait en un tel état;

Que les amis les plus fervens de l'ordre actuel, invoqueraient l'égide du despotisme; car encore vaut-il mieux ne pas vivre en liberté, que ne pas vivre en sécurité.

Et même que les ennemis les plus prononcés de l'ancien ministère, au cas qu'alors la royauté jugea à propos de lui confier le pouvoir, se changeraient en ses auxiliaires, parce qu'avant tout, le trône est à défendre; le trône qui seul maintient la civilisation.

. . . .

Les titres, les formes, les règles, tout cela n'est rien devant la force du fait. La Charte a beau dire : la Chambre des Députés des départemens (ainsi qu'elle y est désignée), encore timide et quelque peu pudique, doit laisser tomber le masque sur lequel est gravé ce nom, aussitôt qu'il y aura lieu.

Car les thèses professées à la tribune ressemblent fort aux thèmes composés sur les bancs; véritables amplifications, auxquelles le grand prix est décerné, pour peu qu'il s'y rencontre du nombre et du trait.

La vérité gît en un seul mot.

Toutes les fois que dans la généralité de la nation, soit au sein du peuple, soit entre des classes d'élite, il y a convocation de citoyens, nomination de mandataires, délégation de pouvoirs; c'est au moins une image de la représentation nationale, c'est presque un corollaire de la souveraineté du peuple.

Le germe a reçu le souffle de vie; au premier rayon de chaleur, il brisera ses enveloppes, il apparaîtra à la lumière. On verra cette Chambre émanée des collèges, excitée par les collèges, appuyée sur les collèges, s'ériger eu une assemblée souveraine, en une convention renouvelée.

Alors se réalisera la prophétie de l'illustre rapporteur de la Chambre des Députés en 1820.

« La Chambre, que l'on ne pourrait plus dissoudre, exercerait elle-même le pouvoir de dissoudre la monarchie. »

. . . .

C'est impossible, c'est impraticable désormais, que la Chambre soit dissoute ; à moins que ce ne fût par l'ancien ministère, à l'égard duquel le réseau de lois qui est comme jeté au-devant de son retour, ne serait qu'une toile d'araignée.

Et la Chambre ne pouvant être dissoute, il n'y a plus de pairie, plus de royauté.

La Chambre ne pouvant être dissoute, ce mot suffit : *point de budget.*

Toutefois jusqu'à cette époque, qu'il est grand temps de pressentir, et surtout de prévenir ; jusqu'à l'emploi de cette dernière ressource, *ultima ratio regum*, par laquelle les gens de la couronne poussés de retranchemens en retranchemens, forcés de concessions en concessions, levant la tête enfin et faisant volte-face, viendraient à s'adresser non plus aux électeurs séduits ou contraints, mais aux peuples fidèles, mais à l'armée soumise.

« Français, voici votre Roi !.... et voilà des tribuns : les uns qui portent les stigmates successifs de ces fers ignobles ou odieux, dont il leur plut de se charger, dont il leur plaît de se vanter ; les autres qui, jeunes encore et répugnant, ce semble, à les imiter, ne travaillent cependant qu'à se jeter eux-mêmes, qu'à vous jeter avec eux sous quelque chaîne autant ou plus affreuse : tous, hélas ! qui sont voués à des passions honteuses ou haineuses, qui sont disposés à leur sacrifier votre repos, votre bonheur, votre gloire. »

Car ce serait assez.

Hommes monarchiques, que faites-vous donc?

Vous avez adopté, il y a six ans, vous avez approuvé depuis ce temps, le principe de la censure facultative.

Et certes vos maximes n'ont point varié en mal; les circonstances n'ont point varié en bien. Ce n'est ni le cri de votre conscience, ni l'aspect de notre situation qui vous impose une autre manière de voir, d'agir.

Mais le ministère a fait deux fois un usage condamnable de cette faculté : première cause de répugnance instinctive, d'aversion irréfléchie.

Mais le même ministère, qui peut-être couve encore des espérances, semble menacer de son retour : seconde cause de craintes exagérées, de défiances redoublées.

Comme il ne vous est pas donné de parer un tel péril, vous tentez à tout prix, par toute voie, d'atténuer les chances, d'amortir le coup.

Voilà la forteresse dont l'ennemi fut expulsé, où l'ennemi prétend rentrer; il n'y a pas moyen d'en garder les entrées, de surveiller les complots, de repousser les attaques.

Aussitôt le parti est pris : il faut raser les remparts, enlever les armes, couper les vivres : vienne ensuite l'ennemi ! s'il s'en empare, il n'y pourra tenir.

Telle est l'image vraie.

Or, pourquoi tant de saintes colères, tant de haines généreuses, s'élevaient-elles contre l'ancien cabinet? sans doute parce que son système tendait à compromettre, à perdre la monarchie.

Eh ! mais, c'est travailler à frais communs à l'œuvre de perdition; car après qu'il est parvenu à la priver de tant d'auxiliaires, on s'efforce à lui ravir tous moyens de défense.

En sorte que le trône, ainsi préservé des sourdes menées, sera d'autant plus exposé aux aggressions violentes, que le trône, enfin garanti contre le retour du ministère, ne devra plus être abattu que par le premier venu.

. . . .

Le principe de réaction se développe dans l'ordre moral comme dans l'ordre physique; au même degré qu'il a été comprimé, aussitôt que la liberté lui est rendue, le ressort se relève.

Les esprits récemment affectés et irrités n'écoutent que les souvenirs, ne répondent qu'à la mémoire; ils sont tourmentés, ce semble, du besoin de se venger du passé, ombre vaine maintenant.

Et la censure facultative ayant été prise en horreur, soulève encore l'ame, à peu près comme une médecine violente qui aura occasioné des convulsions, répugnera long-temps aux sens.

Une rage également motivée excite l'enfance à briser le vase où est conservé le remède, et l'opinion à détruire la loi d'où provenait la censure : intelligences bornées, auxquelles il n'est pas donné de prévoir qu'une crise soudaine peut en réclamer le salutaire usage.

Telle est la fougue des idées, que toute entrave pèse, que toute barrière révolte; semblable à un cheval échappé, l'esprit ne va plus que par sauts et par bonds.

Le degré du paroxisme indique la nature du spécifique. C'est en raison même de cette effervescence qui s'élève contre les mesures restrictives, que ces mesures sont commandées par la prudence. D'autant que le maniaque en furie se débat contre les liens qui le contiennent, d'autant pour le repos public, pour son propre salut, ses gardiens sont empressés à les maintenir, ou même à les resserrer.

. . . .

On n'aspire qu'à empêcher le retour de la censure facultative, si bien entendue en faveur du maintien de l'ordre, si mal appliquée au profit du ministère.

Il faut prévenir, réprimer; il faut sauver l'Etat. Le génie se met donc à la torture : et qu'invente-t-il? Rien moins que d'enlever l'occasion, d'étouffer la tentation, en abolissant le droit de censure facultative.

Dès lors qu'un ministère aura abusé d'une loi, dans son intérêt privé, son successeur ne pourra en user dans l'intérêt public : en sorte que l'anarchie est instituée à double titre, en double mesure, par cela que la justice ne se fait pas, et que la légalité n'existe plus.

Vous allez donc abolir la censure facultative; fort bien !

Puis, vous devrez abolir le fonds d'amortissement, attendu qu'on en a dirigé l'emploi en dépit de l'équité, à rebours des convenances.

Puis, vous aurez à abolir le droit de nomination des

pairs, attendu qu'on a méconnu sous ce rapport, l'esprit manifeste de la charte.

Puis.... mais faites-mieux; finissez-en d'un seul trait de plume. Dans le fait, toutes ces lois, les unes qui prescrivent, les autres qui prohibent, ont pour effet certain d'exciter les gens à leur violation; ce ne sont que des pièges perfides, de lâches embûches, où viennent tour à tour tomber et se laisser prendre, l'ambition, la vengeance, la cupidité, passions indigènes de l'espèce humaine.

Les lois font le crime : qu'il n'y ait plus de lois, il n'y aura plus de crime.

Cela simplifie admirablement le mécanisme social.

. . . .

Disons-le hautement : s'il existait en France quelque sentiment de moralité politique, quelque idée nette de la légalité; si la hiérarchie était efficacement établie entre les pouvoirs sociaux; si l'harmonie était maintenue entre les paroles de la loi et les actes du ministère, au moyen de ce que ces actes fussent incessamment comparés aux paroles, et approuvés ou réprouvés en conséquence; pour lors la faculté d'user de la censure devrait être consacrée à jamais, car son emploi peut devenir utile, et ne saurait plus être nuisible.

On sait trop ce qui en est, puisque les ministres n'ont pas même été interpellés sur les motifs qui avaient pu les décider à prendre cette mesure; et rien n'est plus déplorable, attendu que s'il n'est point rendu compte de la conduite suivie en vertu d'une loi facultative, les pouvoirs doivent trembler d'en prolonger la durée, bien que cela fût commandé pour parer à des périls inattendus.

Toutefois, l'abus de la censure ne semble pas, dans ses plus fâcheux résultats, pouvoir être balancé avec les précieuses garanties que doit porter, en certains cas, l'usage de la censure. Si l'arbitraire non contrôlé, non réprimé, menace de traîner le char de l'État dans un bourbier, d'où nul effort ne sera capable de le tirer, au moins il faut un certain laps de temps avant que cette honteuse fin soit accomplie ; tandis qu'en un clin d'œil, à l'heure même, quelque crise révolutionnaire, éclose dans des circonstances opportunes, est appelée peut-être à le précipiter jusqu'au fond de l'abîme, où l'œil étonné ne saurait plus en apercevoir les tristes débris.

(Des Journaux, etc., 1827.)

Le salut de l'État commande la conservation de la censure facultative, de la suspension judiciaire : il s'agit seulement de prévenir l'arbitraire, de garantir l'exercice.

A l'égard de la censure, que le pouvoir en soit attribué au conseil privé, avec un nombre égal de ministres d'État et à la majorité des deux tiers ; que l'expression *de circonstances graves*, soit développée et caractérisée avec exactitude ; que l'usage de cette faculté subisse l'investigation des chambres, pour être approuvé ou condamné.

A l'égard de la suspension, le cautionnement peut être conservé, comme il est dit dans le projet, et de plus le scellé peut être apposé.

L'envoi d'un autre journal aux mêmes abonnés, et le

tirage plus considérable de tout journal analogue, peuvent être prohibés.

Enfin, le gouvernement doit être armé contre la reprise du journal suspendu, du droit d'arrêter pendant un ou deux mois, toute entreprise nouvelle de journaux, de contester la déclaration du journal qui serait soupçonné de reparaître sous un autre nom, et même, après avoir exigé le serment des propriétaires, lors de leur déclaration, de poursuivre le délit, à titre d'acte frauduleux.

Art. 3 de la loi de 1822. « Dans le cas où l'esprit d'un journal, ou écrit périodique, résultant d'une succession d'articles, serait de nature à porter atteinte à la paix publique, au respect dû à la religion, à l'autorité du Roi, à la stabilité des institutions, etc., etc.; les cours royales pourront, en audience solennelle, prononcer sa suspension, d'abord pour un mois, puis pour trois mois, et après la double récidive, sa suppression définitive. »

Lisez et tremblez : Voilà que toutes nos libertés sont en péril flagrant; voilà que l'arbitraire est installé en grande pompe.

Personne ne voudra écrire, personne ne pourra lire; partant, les hommes ne s'entendront plus; la société restera stationnaire. C'est un nouveau Josué, qui crie à cet astre si brillant et parfois brûlant de la civilisation, à la veille d'atteindre à son apogée : *Sta sol.*

Voyons toutefois ! analysons le fulminant article, dans

ses effets antérieurs, dans ses futurs résultats ; même en sa substance réelle.

Depuis la promulgation, pendant cette période de six années, qu'est-il donc advenu, par suite de cet article?

Un ou deux arrêts de suspension, il y a déjà trois ou quatre ans ;

Et il y a deux ans, ce mémorable arrêt d'absolution, judiciaire dans la forme, et politique quant aux motifs.

D'où il appert que l'article a pour seul défaut d'être trop rarement mis en pratique, et que les magistrats offrent les garanties les plus efficaces, devant juger en hommes de loi, les délits du journalisme, en hommes d'État, les torts du ministérialisme : double fondement de repos pour l'opinion publique.

. . . .

Pauvre opinion publique ! que n'est-il possible de l'isoler de toute influence, de l'abriter contre toute intrigue, de la confiner sous clef et là laisser en tête à tête avec elle-même? C'en serait fait de son être ; car, ainsi que la pâle lune, elle n'a de mouvement que par impulsion, de lumière que par réverbération.

S'agit-il de l'induire en erreur? la recette est facile.

Seulement qu'on substitue un mot à l'autre, et qu'on fasse ronfler sans cesse ce mot d'invention.

L'esprit se prend par l'ouïe : au retour fréquent des mêmes sons, l'impression se grave, se fixe de plus en plus, effaçant les traces de la première empreinte ; en sorte que la nation vraie disparaît, échappe aux recherches de la pensée.

Tel fut le stratagème.

La loi fort innocente à cet égard, ne parlait que de l'esprit d'un journal résultant d'une succession d'articles qui seraient de nature à porter atteinte, etc.

Et vis-à-vis ces termes, la licence personnifiée s'essoufflerait vainement à blâmer, à critiquer, à déblatérer : elle en serait pour ses frais de papier et d'encre, d'esprit et de style peut-être.

Aussi qu'a-t-elle fait, que fait-elle ?

Écoutez le cri unanime, continu, redoublé, que renvoient tous les échos de la sottise, de l'ignorance, de l'étourderie.

« On a créé le délit de tendance ; on intente des poursuites en tendance ; on prononce des condamnations pour tendance. Quelle horreur ! »

C'est assez. Le mot de tendance qui ne se trouve pas dans la loi, est censé constituer la loi ; elle est proscrite, abolie, sous ce titre pseudonyme.

. . . .

La loi parle de l'esprit d'un journal : est-ce sur ce point que l'on dispute ? est-ce devant ces mots qu'on se révolte ? Toute œuvre intellectuelle n'est-elle pas conçue, écrite, publiée dans un certain esprit ? Ne faut-il pas quelque principe prééxistant pour lui donner la vie, quelque fin préétablie pour indiquer sa ligne.

On parle souvent de l'esprit de Voltaire et de Rousseau, de l'esprit des lois et de l'histoire, de l'esprit du royalisme, du libéralisme. Chaque acte rend un trait partiel de l'esprit ; la suite des actes rend l'image complète de l'esprit, attendu que l'homme, aussitôt qu'il s'élance hors de la sphère animale, est tout esprit.

Or, il est évident que l'esprit d'un écrit, ainsi que l'esprit d'un homme, ne peut être apprécié qu'en vertu, qu'à l'aide du pouvoir discrétionnaire ; lequel pouvoir, dont le nom seul fait peur, se montre cependant sur tous les points de l'organisation sociale, et notamment, est attribué au jury, avec une latitude presque illimitée.

La loi entend que la cour apprécie l'esprit d'un journal, en ce qu'il résulte d'une succession d'articles, en tant qu'il s'est manifesté et développé, au moyen d'articles en nombre, d'articles en analogie entre eux, d'articles en conséquence l'un de l'autre.

C'est seulement après l'analyse des preuves, après le recensement et le récollement des faits, que la cour est appelée à juger l'intention innocente ou coupable, à juger l'esprit : acte tout intellectuel, où sans doute intervient le pouvoir discrétionnaire, mais en un degré moins élevé que dans l'institution du jury.

Et voyez par quelle scrupuleuse délicatesse, cette feuille volante, écrite à tant par ligne, dictée par l'intérêt, adressée aux passions, ne sera accusée, condamnée qu'en audience solennelle : tandis que notre honneur, notre fortune, sont perdus ou sauvés, par la chance de quatre [voix contre trois, et que la liberté, l'existence nous sont laissées ou ravies, d'un coup de dés entre les premiers venus.

. . . .

Ainsi l'esprit aura été apprécié d'après des faits positifs; l'esprit ne devra être réprimé qu'en raison des faits coupables.

Et la criminalité n'est attribuée aux faits ou aux articlés du journal, qu'autant qu'ils portent atteinte, par des coups successifs, à ces objets sacrés, la paix publique, le respect pour la religion, l'autorité du Roi, la stabilité des institutions, etc.

Mais il n'y a point de délits dont les conséquences soient plus funestes, dont l'intention soit aussi réfléchie, aussi préméditée; il n'y a point d'arrêts dont les considérans soient plus manifestes, dont le dispositif soit aussi tutélaire.

Dans ce mode, qui est nouveau sans doute, attendu que la matière judiciaire est de nouvelle sorte, le jugement final et formel présente l'expression réduite de tous les jugemens provisoires et tacites, sur chacun des faits isolés.

Le jugement est prononcé, comme dans le cas de la récidive souvent réitérée et long-temps prolongée; sauf cependant que la peine n'a pas été appliquée à la survenance de tel et tel délit partiel, et que tous les délits saisis en masse, sont frappés d'une peine unique.

En point d'équité, comme en fait de sécurité, rien n'est comparable.

De plus, par une chance heureuse, la suspension judiciaire qui s'opère en vertu d'un arrêt dûment motivé, qui n'atteint que le journal vraiment incriminé, pourrait remplacer à un certain point la censure facultative, dont le caprice dispose par fois, dont le coup atteint tous les journaux sans exception.

Dans les circonstances les plus graves, où quelques journaux aggravent le péril, où les autres, au contraire, tendent à ranimer, à rallier les esprits ; l'aveugle censure, pour émousser les traits de l'ennemi, enlève les armes aux auxiliaires, au lieu que la suspension abattrait celui-là sans enchaîner ceux-ci.

. . . .

La langue française, tant de fois maniée et remaniée, est devenue équivoque, ambiguë, hiéroglyphique : elle sait dire à la fois tout et rien, tout à ceux-ci, rien à ceux-là ; c'est un chiffre dont les affidés ont la clef : on passe par-dessus la lettre, on va droit à l'esprit.

Laissez donc la lettre en paix, et donnez la chasse à l'esprit. Si l'esprit parle seul, agit seul, ne vous en prenez qu'à lui ; saisissez le sens plutôt que les mots, la pensée plutôt que les phrases. Pour punir équitablement, pour prévenir efficacement, il importe d'apprécier la culpabilité sous un aspect qui soit pris de haut, qui embrasse l'ensemble, et en raison de l'effet moral que l'œuvre tendait à produire. C'est l'esprit du journal qui doit être traduit par-devant la tutélaire justice.

Et qui donc oserait se plaindre que les délits de la presse périodique fussent assimilés quant au mode du jugement, aux délits qui ressortent des cours d'assises ? Un homme a été tué : ce n'est pas l'arme qui est coupable ; ce n'est pas même la main. Y avait-il intention ? y avait-il préméditation ? y avait-il complicité ? La culpabilité du fait tient à la première condition ; la gravité du fait est déterminée par les dernières.

Quant à l'arme de la presse, les mots représentent la charge, et le style est l'amorce. Mais qui est-ce qui dirigea le coup et lâcha la détente ? qui est-ce qui trama le guet-à-pens et s'enrôla dans une bande ? qui est-ce qui en ce moment même, à la barre du tribunal, couve des desseins de récidive ? l'esprit sans doute !

. . . .

La justice de la loi actuelle se démontre en peu de mots. C'est en raison de l'intensité du mal opéré que s'élève le degré de criminalité du délit; et c'est sur le degré de criminalité que doit être mesurée la gravité de la peine. Or, un article isolé et flottant dans l'espace, se borne à frapper, à émouvoir, et ne saurait susciter un sentiment fixe, exercer une influence durable; souvent même, d'autant qu'il sort du ton accoutumé, d'autant qu'il s'emporte hors de la convenance, la répugnance plutôt que la faveur, se charge de lui répondre. Le venin du mal, quelque pénétrant qu'il soit, ne s'imbibe qu'avec le temps, que par une action lente et successive.

Le mal, le délit, la peine, tout cela ressort en raison comme en équité, de telle ou telle série d'articles conçus dans le même sens, jetés à certains intervalles, développés avec un art progressif, lesquels manifestent l'intention, déterminent le résultat, et constituent l'esprit du journal.

L'utilité de la loi est également sensible. La peine de prison est décevante; le dommage des amendes est illusoire : la punition, la correction, la répression ne s'obtiendront que par un seul mode, par le mode de suspension et de suppression; et il serait impossible de prétendre en théorie, plus qu'impossible de faire passer en pratique, que l'une ou l'autre de ces peines fût prononcée, à raison d'un ou deux articles, peut-être échappés dans la vivacité du travail et toujours expliqués, justifiés en une manière quelque peu plausible.

« Sans la concurrence, il n'existerait pas de contrôle pour apprécier la bonne foi....

« Un tel état de choses est contraire à la libre et sincère manifestation des faits, des opinions, et aux intérêts politiques de l'Etat....

« Tout monopole est nuisible, et celui de la presse périodique plus qu'un autre : il crée, au sein de la société, une puissance de fait qui force bientôt les pouvoirs publics à compter avec elle. »

On voit, par ces paroles de l'exposé des motifs, que la concurrence des journaux est indispensable pour former, ou plutôt laisser se former l'opinion publique, pour rendre, ou plutôt laisser reprendre à l'autorité, sa force légitime.

On conçoit, de plus, que cette concurrence tend à prévenir les délits, à atténuer les dangers de la presse, au moyen du contrôle mutuel, et invite la justice à exercer la plus stricte répression, sans craindre d'enlever des organes aux peuples, ni même aux partis.

Mais, pour être efficace, il faut que la concurrence soit effective : et, sous le poids des charges fiscales, nulle entreprise n'osera entrer en lice et lutter contre la vogue.

Tels sont les points qui ont été traités, en 1827, dans

plusieurs brochures, dont il n'est peut-être pas inconvenable de publier quelques extraits, et dont le résumé était conçu en ces termes :

« En rétablissant la liberté de publier des journaux, en
« abolissant le cautionnement et le timbre, en réduisant
« le tarif de la poste et permettant tout autre mode d'en-
« voi, en assurant le même accueil aux bureaux du service :

« On aura des journaux à trois fois par semaine; des
« journaux dans une forme nouvelle ; des journaux du
« soir extraits des autres ; des journaux rivaux dans la
« même opinion ; des journaux critiques, quant aux
« feuilles opposées ; enfin, des journaux en *errata*.

« En abrogeant la peine de prison et laissant toute lati-
« tude pour les amendes, en appliquant la suspension et
« la suppression, en poursuivant en justice la réapparition,
« en donnant le droit de suspendre l'autorisation, en con-
« servant la censure, sauf à rendre compte des motifs :

« On aura une répression prompte, exacte, rigide,
« par les cours de justice; sous le coup de laquelle cesse-
« ront tous les écarts, tous les excès, tous les périls; à
« l'abri de laquelle s'accompliront les vœux, les conseils
« d'un célèbre écrivain (*Le vicomte de Bonald.*)

« *Il faut prendre un gouvernement tout entier.* »

....

I. En deux mots, pouvez-vous tuer les journaux, les anéantir d'un seul coup et à jamais? tuez-les sur-le-champ. Dans le cas contraire, la médecine donne l'exemple à la politique : on la voit souvent, au lieu d'employer des remèdes violens, pour faire évacuer le poison, prendre le parti de le neutraliser dans l'organe où il a pénétré, quand même ce serait au moyen d'un poison antagoniste.

Pouvez-vous enclouer les esprits? enclouez vite, et rivez à demeure. Sinon, tentez de distraire l'attention, de fournir des sujets de diversion, de jeter dans l'embarras de la réflexion : augmentez, multipliez le nombre des journaux, qu'il en sorte du coin de chaque borne, et que le vent les emporte, les éparpille en tous lieux . . . . . .

A leur égard, les choses sont, non pas comme elles devraient être, mais comme elles peuvent être. Il n'y a que cinq journaux disponibles; il y a bien cinq opinions prononcées. Chaque opinion enfante ou épouse un journal, et de jour en jour les liens mutuels se resserrent par la continuité des relations, par l'animosité contre les adversaires.

Les journaux sont d'un prix élevé, et hors des grandes villes, l'ardeur de la lecture ne consume pas les esprits ; l'effort est assez grand de payer par tiers ou par quart le journal ; ce serait trop de frais, s'il s'agissait d'un journal indépendant, impartial. Plus on manque de sens, plus on abonde dans son sens ; c'est la loi de l'humanité. Il faut que la feuille favorite vienne apprendre chaque jour qu'on a eu raison la veille, et enseigner comment on aura raison le lendemain. . . . .

Le ministre s'est complu à éteindre à leur naissance, à étouffer dans ses bras maints et maints journaux. Ainsi s'éteignait la concurrence, ainsi se concentrait l'influence ; et l'influence concentrée, de même que les rayons du soleil réunis au foyer d'un miroir, devient incendiaire. Il n'y a plus que passions, que haine, colère et vengeance : les exceptions sont rares.

Il faudrait tenter la méthode inverse : il faudrait appeler, favoriser la concurrence, et en place de la concentration, substituer la diffusion, la confusion même. Il faudrait que les rayons de lumière fussent réfléchis dans tous les sens et divergeassent à l'infini.

Accroissez donc, multipliez les journaux, tant qu'à la fin il s'en rencontre un, ou deux, ou trois, car abondance de bien est miracle en ce genre, qui, ne sachant plus comment se distinguer, comment percer à travers la foule, soient contraints de se frayer quelque voie inconnue, inouie, étrange, et soient amenés ainsi à mettre au jour la vérité pure, à faire valoir la raison, la justice, l'utilité publique, toutes choses qui demeurent en doute au milieu des disputes d'homme à homme et de secte à secte; choses qui, à la rigueur, comme il y en a quelques exemples, pourraient exister dans les vues ministérielles; choses enfin qui rallieraient autour du noyau de l'intérêt social, tant de votes de la gauche, tout étonnés de devancer les votes de l'extrême droite.

. . . .

Mais quel est le moteur qui, se tenant derrière les coulisses, tient les fils, et à son caprice fait jouer les marionnettes du grand théâtre de l'opinion? Le journalisme ! D'un coup de baguette, il jette les esprits en crise, les agite à tort et à travers, puis les plonge dans le sommeil.

De tout temps, soit que le sang ou le sort ait décidé de leurs destinées, les Français se sont montrés rebelles, au moins en opinion, à la loi formelle, à la puissance ostensible, et serviles jusque de conscience, à l'influence occulte, à la prépondérance intellectuelle. La récalcitrance

et l'engoûment sont les deux traits du caractère natio-
nal. On a vu paraître tour à tour la sèche philosophie de
Voltaire et la morale naturelle de Rousseau, la vogue des
Etats-Unis et la mode de l'anglomanie, l'ascendant et la
chute soudaine des Jésuites, la manie insurrectionnelle
de 1788 et l'esprit contre-révolutionnaire de 1789, le
vertige de la liberté et le prestige du despotisme, enfin la
ferveur de la restauration et l'abattement actuel des
esprits

Sous la monarchie, ces soubresauts de l'opinion par-
taient de l'impulsion des parlemens, des états et du clergé;
de l'impulsion des livres et des théâtres, des salons de la
ville, des antichambres même de la cour. Rien de tout
cela n'existe plus; il faut pourtant que le Français soit
mené. Et c'est comme un besoin honteux à satisfaire ; il
a soif de se laisser mener, il a horreur qu'on veuille le
mener...

Salut à nos maîtres ! Leur autorité tient de la nature du
régime patriarcal, du genre de la clientelle usitée chez les
Romains, étant appelée, étant accueillie plutôt que su-
bie : et si la volonté qui est asservie, porte impatiemment
la chaîne et n'attend que le moment de la briser, l'opinion qui s'offre et se livre, tient le joug pour une couronne
dont le poids ne charge jamais le front. L'ascendant est
tel, qu'en parlant de la feuille habituelle, on se sert du
terme générique, *le journal.*

Le journal dispose de la pensée, du sentiment, des ac-
tions; et comme chaque classe de ces serfs volontaires,
occupe une zone limitée, le journal pris dans un sens ab-
strait, domine toute la sphère sociale.

Si un peuple auquel, par malheur, aurait été donné la faculté de lire par les yeux, bien qu'il fût dépourvu de la capacité de lire par l'esprit, allait aliéner son opinion, laissait confisquer son jugement, à la merci de quelques feuilles volantes ; s'il ne voyait plus, n'entendait plus, ne pensait plus, qu'à travers cet organe factice, ce semble superposé à l'intelligence, intercalé entre les sens et les sensations ; ce serait un signe certain que les pouvoirs du cœur et de la tête manquent à son organisation, ou du moins qu'étant mal constitués et n'étant plus exercés, ils sont à la veille de faillir tout-à-fait. Un cas pareil ne s'était vu encore que dans les gorges du Valais. Il y a abrutissement ; il y a opprobre, ignominie.

De même que dans l'Orient, c'est le sultan ; dans l'Afrique, le fétiche ; en France, c'est le journal, dont les oracles sont invoqués, sont implorés pour enseigner aux gens comment il leur faut vouloir, agir...............

L'opinion, qui ne voit pas à se conduire, ne manque jamais de se laisser mener ; et, passant au pouvoir de quelque faction, devenant un instrument servile, est entraînée par des suggestions étrangères, au-delà du terme où se serait arrêtée la passion même.

Il faut donner à la nation française, en imitation du grand exemple de l'Angleterre, l'éducation du bon sens ; il faut l'amener peu à peu à saisir la vérité des choses et à se défier de l'éclat des phrases ; il faut obtenir qu'elle se fasse une opinion, que son opinion tourne en volonté, que sa volonté entre en action.

Enseignez à lire, excitez à lire, fournissez à lire. Dans

les sciences physiques, un mot comprend tout : voir. En morale, en politique, ce mot est ainsi traduit : lire.

Lire, invite à comparer, à réfléchir, empêche de s'aveugler soi-même et d'être trompé par les autres.

Lire ou entendre par les yeux, ne porte pas le danger ou plutôt préserve du danger d'entendre par l'oreille ; car la parole imprimée est moins enivrante que la parole prononcée.

Lire mal, est synonyme de lire peu ; lire bien est identique avec lire beaucoup. Un peu de science, a dit un grand homme, éloigne de la religion; beaucoup de science y ramène.

(*Des journaux*, *1827.*)

Donnez de la liberté à grands flots : tout le monde en veut, l'absolutiste plus encore que l'anarchiste ; attendu qu'en l'état actuel des choses, il ne prétend exercer que la puissance de la conviction, au lieu que ce dernier s'ouvre de nouveau à l'espérance, et se promet d'employer les moyens de contrainte.

Seulement, réglez la liberté, en juste proportion de la capacité des légataires ; car la part allouée à celui qui n'en saurait faire usage, serait saisie par quelque autre, serait retournée contre lui-même.

C'est-à-dire, qu'il n'y ait ni licence, ni faction, ni monopole !

De même, gardez de l'autorité en large mesure : aux sens de l'homme, l'autorité a bien autant d'appas que la liberté ; ou plutôt, la liberté est trop souvent sollicitée par des conspirateurs qui tendent à usurper, à son aide, l'autorité ; tandis que l'autorité, dont le besoin est sensible, de quelque bord qu'elle vienne, se voit accueillie par la masse nationale.

De même aussi, réglez l'autorité ; car la règle, entendue d'avance, appliquée à propos, est à la fois utile et douce à subir.

C'est-à-dire, qu'il n'y ait pas d'arbitraire.

La tâche est facile.

En tout, liberté réelle, ou concurrence effective et rivalité constante;

Partout, autorité formelle, ou surveillance active et pénalité rigide.

D'abord, quant aux élections;

Le jugement des titres, par ses pairs, en tribunal d'arrondissement, avec appel en cour de département, sous la présidence des autorités;

Et le scrution par-devant les délégués de ces conseils, sous la direction d'un président, au moyen d'un registre ouvert pendant une semaine;

Afin que la liberté des élections ne soit plus entravée par l'administration, et que la volonté des électeurs ne soit plus entraînée par une faction.

Puis, à l'égard de la presse périodique;

Liberté de publication, abolition de toutes charges, et usage de la suspension;

Afin que le monopole cesse, et que le journalisme n'égare plus l'opinion, n'asservisse plus le gouvernement.

Enfin, au sujet de l'instruction publique;

Abrogation du privilège de l'Université, sauf pour les facultés, et établissement d'un mode d'inspection;

Afin que l'éducation puisse être confiée, suivant la vo-

lonté des parens, même aux docteurs de la loi musul-
mane, ou aux pères de la foi chrétienne.

C'est la charte en action.

C'est l'acte d'alliance de l'autorité et de la liberté; par
lequel celle-ci, loyalement émancipée, devient plus calme,
et celle-là, légalement tutrice, devient plus forte.

C'est le système de l'Angleterre; où la liberté est de
droit, fait la règle; où l'autorité est de convention, agit
d'après des exceptions dûment motivées, littéralement
prescrites.

Autrement, l'opinion, gênée et contrainte en son cours
naturel, tantôt s'échappe par les conduits furtifs de la licence, tantôt se précipite en une factieuse irruption, tantôt se corrompt sous les canaux du monopole.

Et le gouvernement, harcelé sans relâche, menacé
sous l'ombre, inquiet plus que de raison peut-être, est
dévoué à opposer la fraude à la fraude, à se retrancher
derrière l'arbitraire.

Ainsi, les lois ne sont plus tramées qu'en façon de
rets, souvent même de pièges; et comme l'esprit s'ingé-
nie en proportion, s'esquive à l'occasion, d'année en année, il faut reprendre le tissu, resserrer les mailles.

Il n'y a moyen d'en finir : cinq ou six lois sur les
élections, autant sur la presse, ont compliqué le nœud,
au lieu de le débrouiller, et deviennent de plus en plus
pénibles à inventer, difficiles à appliquer.

(Avril —juillet 1828.)